Impressum
Verlag: BABADADA GmbH, Nedderfeld 112 , 22529 Hamburg
Geschäftsführer / Verlagsleitung: Harald Hof
Druck: Books on Demand GmbH, In de Tarpen 42, 22848 Norderstedt

Imprint
Publisher: BABADADA GmbH, Nedderfeld 112 , 22529 Hamburg, Germany
Managing Director / Publishing direction: Harald Hof
Print: Books on Demand GmbH, In de Tarpen 42, 22848 Norderstedt

el colegio
escuela

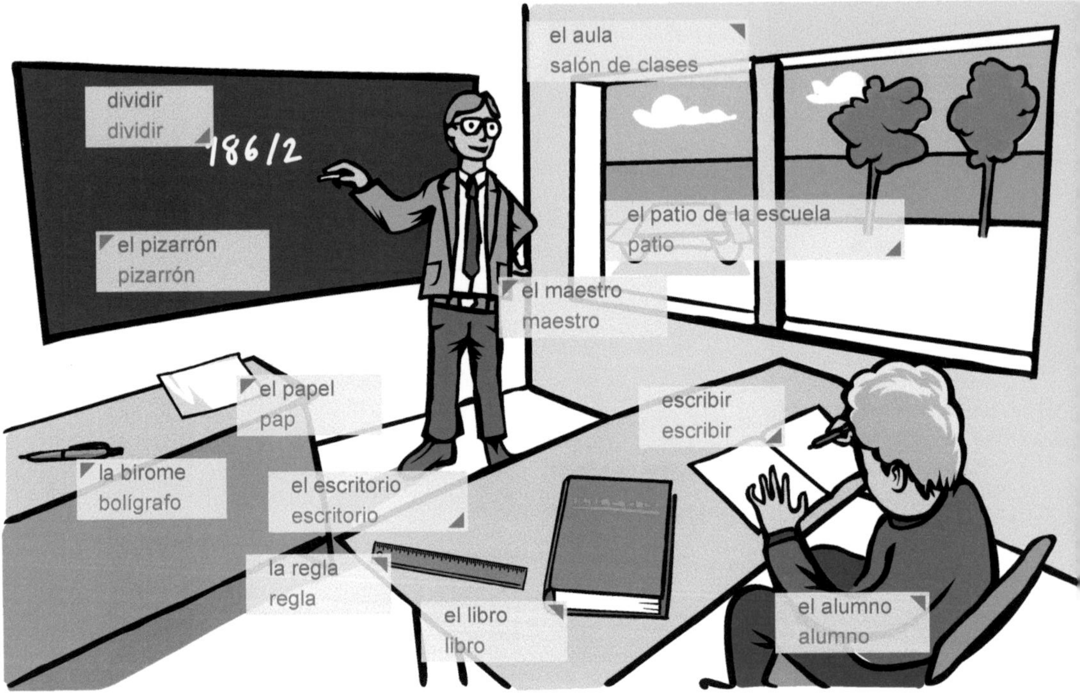

el aula
salón de clases
dividir
dividir
186/2
el pizarrón
pizarrón
el patio de la escuela
patio
el maestro
maestro
el papel
pap
escribir
escribir
la birome
bolígrafo
el escritorio
escritorio
la regla
regla
el libro
libro
el alumno
alumno

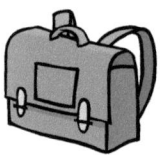

la mochila
mochila

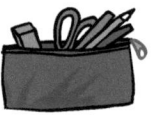

la caja de lápices
caja de lápices

el lápiz
lápiz

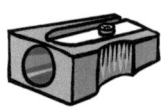

el sacapuntas
sacapuntas

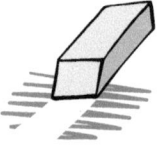

la goma (de borrar)
goma de borrar

el bloc de dibujo
bloc de dibujo

el dibujo
dibujo

el pincel
pincel

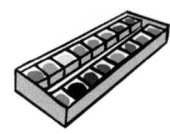

la caja de pinturas
caja de lápices de color

la tijera
tijeras

el pegamento
pegamento

el cuaderno de ejercicios
libro de ejercicios

la tarea
tarea

el número
número

sumar
sumar

restar
restar

multiplicar
multiplicar

calcular
calcular

la letra
letra

el abecedario
alfabeto

hello

la palabra
palabra

el texto

texto

leer

leer

la tiza

tiza

la lección

lección

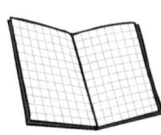

el cuaderno de clase

cuaderno de clase

el examen

examen

el certificado

certificado

el uniforme escolar

uniforme

la educación

educación

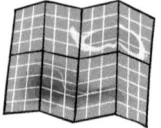

la enciclopedia

enciclopedia

la universidad

universidad

el microscopio

microscopio

el mapa

mapa

el tacho (de basura)

bote de basura

el viaje
viaje

el hotel
hotel
Grand
ROOMS
el hostel
hostel
la casa de cambio
casa de cambio
la valija
maleta
el auto
carro

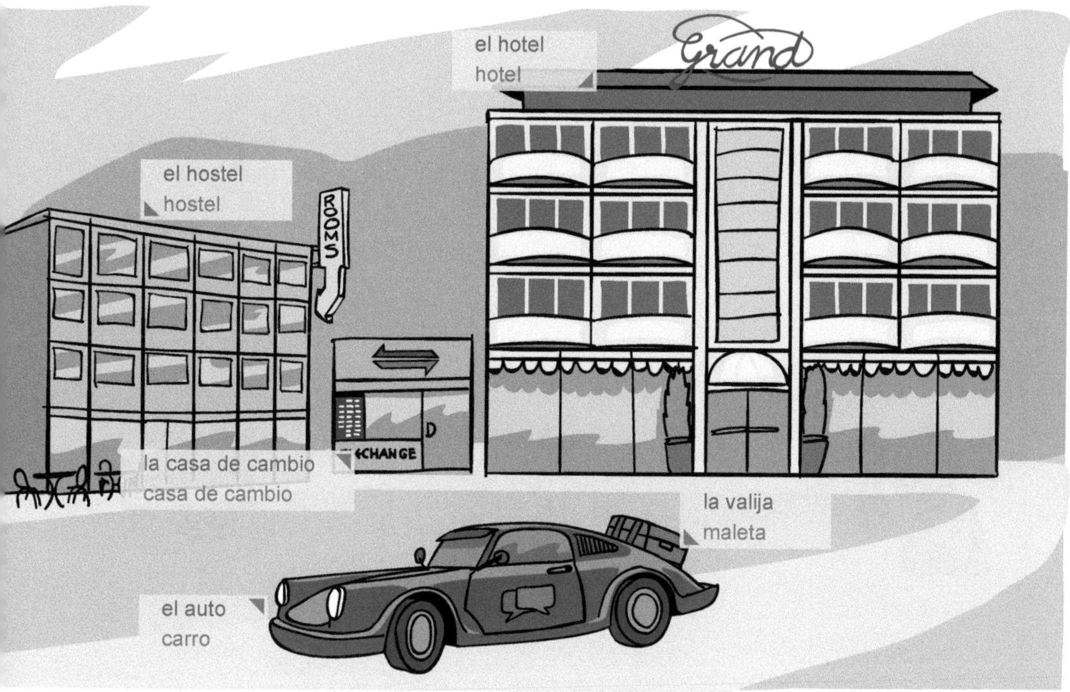

el idioma

idioma

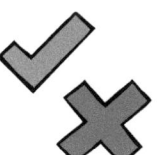

sí / no

sí / no

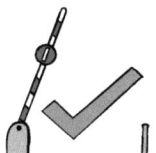

Está bien

Órale

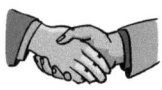

hola

hola

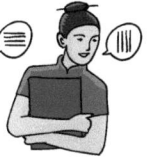

el traductor

traductor

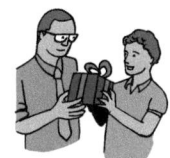

Gracias

Gracias

¿cuánto cuesta...?

¿cuánto cuesta...?

No entiendo

No entiendo

el problema

problema

¡Buenas tardes!

¡Buenas tardes!

¡Buenos días!

¡Buenos días!

¡Buenas noches!

¡Buenas noches!

el adiós

adiós

la dirección

dirección

el equipaje

equipaje

el bolso

bolsa

la mochila

mochila

el invitado

invitado

la habitación

recámara

la bolsa de dormir

bolsa de dormir

la carpa

tienda de campaña

la información turística

información turística

la playa

playa

la tarjeta de crédito

tarjeta de crédito

el desayuno

desayuno

el almuerzo

almuerzo

la cena

cena

el pasaje

billete

el ascensor

ascensor

el sello

sello

la frontera

frontera

la aduana

aduana

la embajada

embajada

la visa

visa

el pasaporte

pasaporte

el transporte

transporte

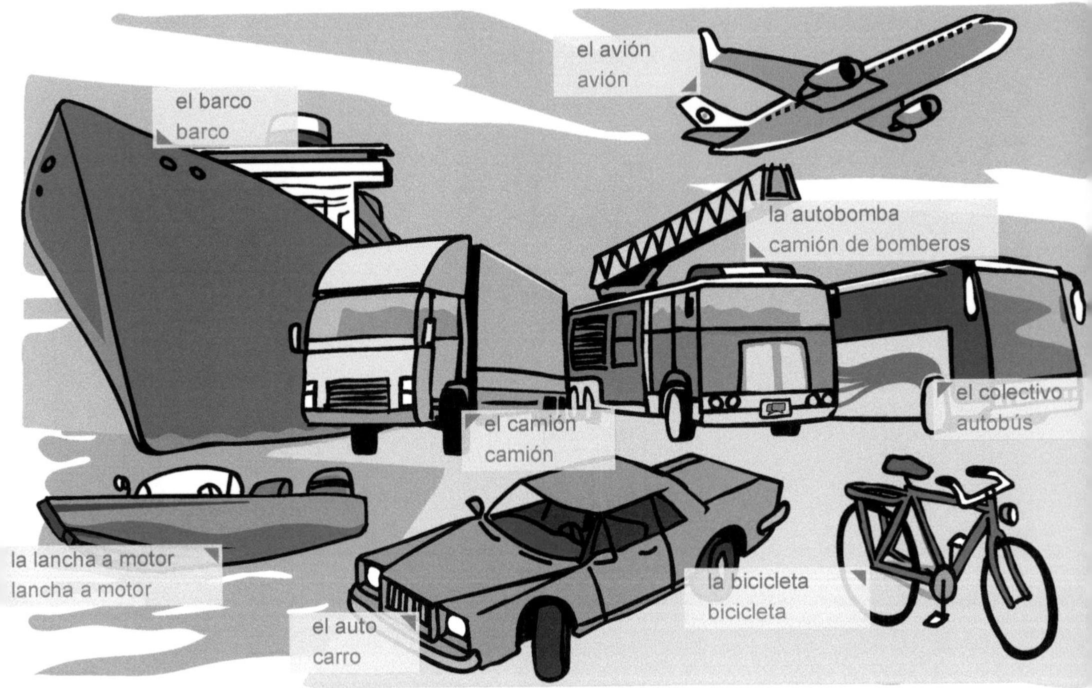

el avión
avión
el barco
barco
la autobomba
camión de bomberos
el colectivo
autobús
el camión
camión
la lancha a motor
lancha a motor
la bicicleta
bicicleta
el auto
carro

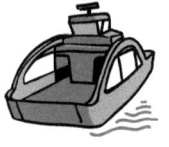

el ferry

ferry

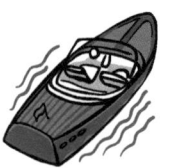

el bote

bote

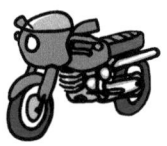

la moto

motocicleta

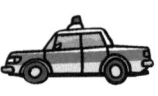

el patrullero

patrulla

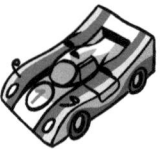

el auto de carreras

coche de carreras

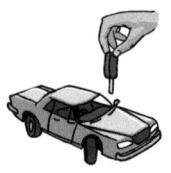

el auto de alquiler

auto para rentar

el alquiler de autos

renta de autos

la grúa

grúa

el camión de la basura

camión recolector de basura

el motor

motor

la nafta

gasolina

la estación de servicio

gasolinera

la señal de tránsito

señal de tráfico

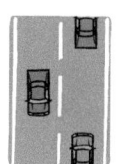

el tránsito

tránsito

el embotellamiento

embotellamiento

el estacionamiento

aparcamiento

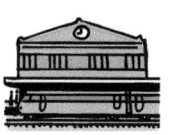

la estación de tren

estación de tren

las vías

vías

el tren

tren

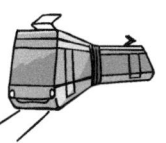

el tranvía

tranvía

el vagón

vagón

el helicóptero

helicóptero

el aeropuerto

aeropuerto

la torre

torre

el pasajero

pasajero

el contenedor

contenedor

la caja de cartón

caja de cartón

la carretilla

carretilla

la canasta

cesta

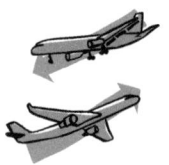

despegar / aterrizar

despegar / aterrizar

la ciudad

ciudad

el pueblo

pueblo

el centro de la ciudad

centro de ciudad

la casa

casa

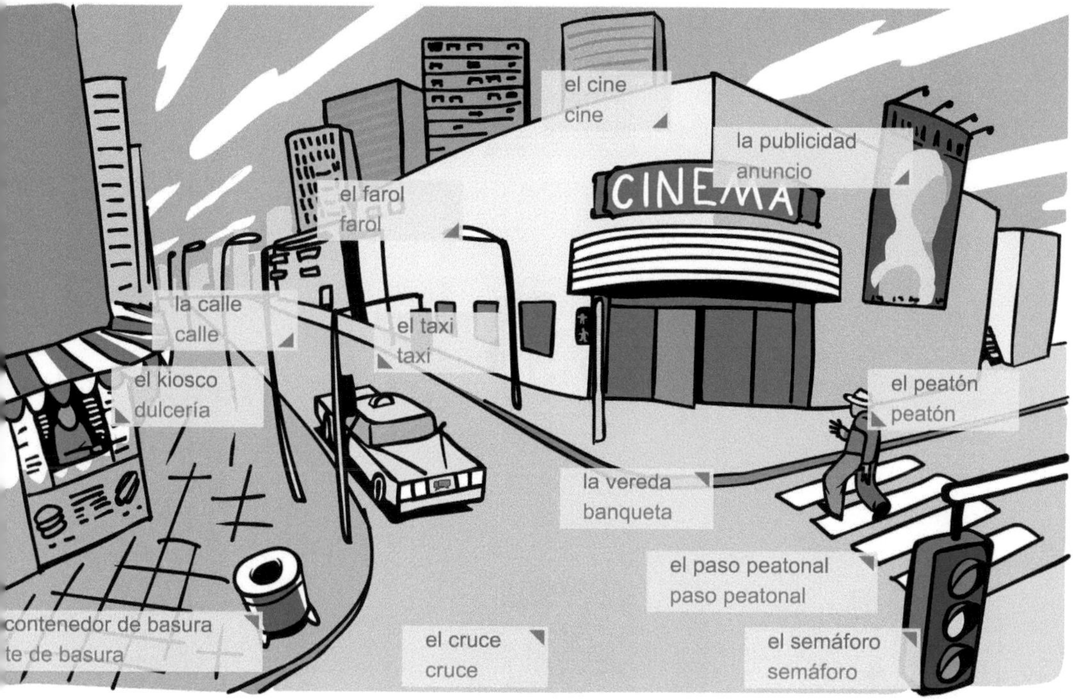

el cine
cine

la publicidad
anuncio

el farol
farol

CINEMA

la calle
calle

el taxi
taxi

el kiosco
dulcería

el peatón
peatón

la vereda
banqueta

el paso peatonal
paso peatonal

contenedor de basura
te de basura

el cruce
cruce

el semáforo
semáforo

la cabaña

cabaña

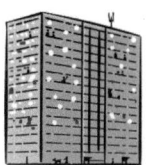

el departamento

apartamento

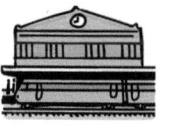

la estación de tren

estación de tren

la municipalidad

ayuntamiento

el museo

museo

el colegio

escuela

la universidad

universidad

el banco

banco

el hospital

hospital

el hotel

hotel

la farmacia

farmacia

la oficina

oficina

la librería

librería

el negocio

tienda

la florería

florería

el supermercado

supermercado

el mercado

mercado

las grandes tiendas

grandes tiendas

la pescadería

pescadería

el centro comercial

centro comercial

el puerto

puerto

el parque

parque

el banco

banco

el puente

puente

las escaleras

escaleras

el subte

metro

el túnel

túnel

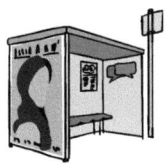

la parada del colectivo

parada de autobús

el bar

bar

el restaurante

restaurante

el buzón

buzón

el letrero

letrero

el parquímetro

parquímetro

el zoológico

zoológico

la pileta

alberca

la mezquita

mezquita

la granja

granja

la contaminación

contaminación

el cementerio

cementerio

la iglesia

iglesia

los juegos infantiles

área de niños

el templo

templo

el paisaje
paisaje

la hoja
hoja

el poste indicador
señal

el camino
camino

la pradera
pradera

la piedra
piedra

el árbol
árbol

el excursionista
caminante

el río
río

la hierba
pasto

la flor
flor

el valle

valle

la montaña

montaña

el lago

lago

el bosque

bosque

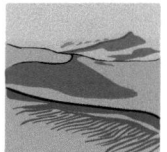

el desierto

desierto

el volcán

volcán

el castillo

castillo

el arco iris

arco iris

el champiñón

champiñón

la palmera

palmera

el mosquito

mosquito

la mosca

mosca

la hormiga

hormiga

la abeja

abeja

la araña

araña

el paisaje - paisaje

el escarabajo

escarabajo

la rana

rana

la ardilla

ardilla

el erizo

erizo

la liebre

liebre

la lechuza

lechuza

el pájaro

pájaro

el cisne

cisne

el jabalí

jabalí

el ciervo

ciervo

el alce

alce

la presa

embalse

el aerogenerador

turbina eólica

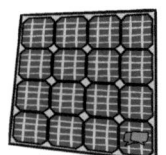

el panel solar

pansolar

el clima

clima

el restaurante
restaurante

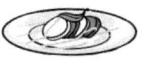

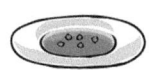

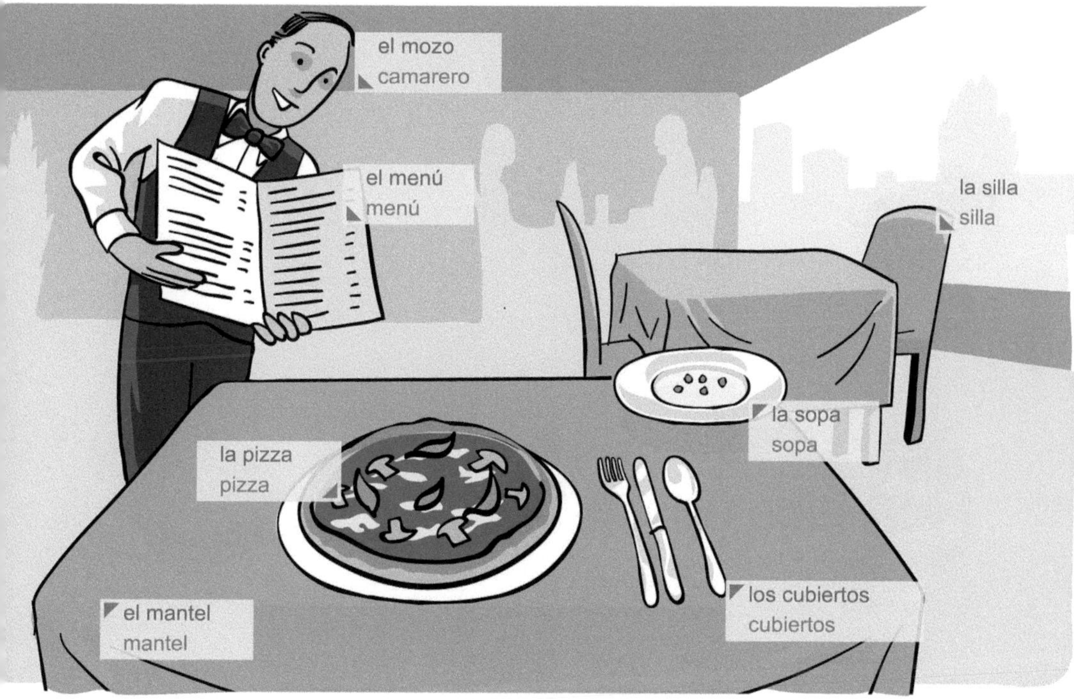

el mozo
camarero
el menú
menú
la silla
silla
la sopa
sopa
la pizza
pizza
el mantel
mantel
los cubiertos
cubiertos

la entrada

entrada

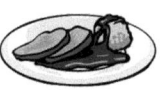

el plato principal

plato fuerte

el postre

postre

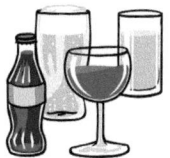

las bebidas

bebidas

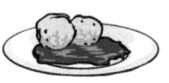

la comida

comida

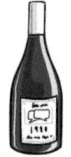

la botella

botella

la comida rápida

comida rápida

la comida callejera

comida de calle

la tetera

tetera

la azucarera

azucarera

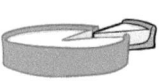

la porción

porción

la cafetera expreso

cafetera espresso

la sillita alta

periquera

la cuenta

cuenta

la bandeja

charola

el cuchillo

cuchillo

el tenedor

tenedor

la cuchara

cuchara

la cucharita

cuchara de té

la servilleta

servilleta

el vaso

vaso

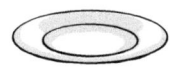

el plato

plato

el plato hondo

plato hondo

el plato

plato

la salsa

salsa

el salero

salero

el molinillo de pimienta

molino para pimienta

el vinagre

vinagre

el aceite

aceite

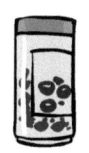

las especias

especias

el kétchup

kétchup

la mostaza

mostaza

la mayonesa

mayonesa

el supermercado
supermercado

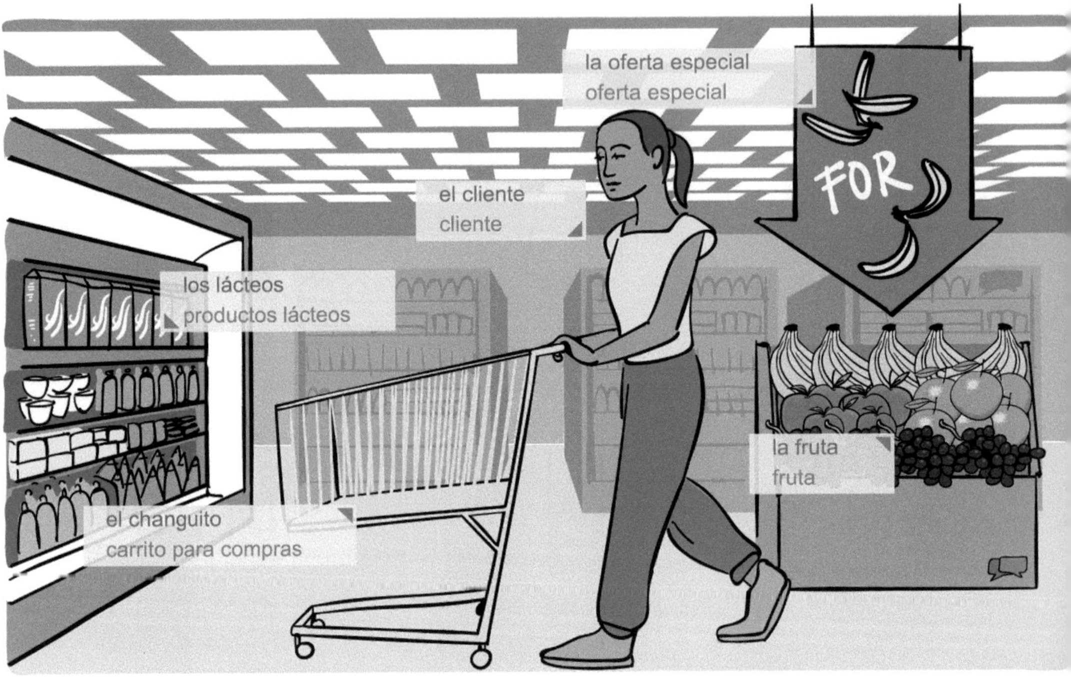
la oferta especial
oferta especial
FOR
el cliente
cliente
los lácteos
productos lácteos
la fruta
fruta
el changuito
carrito para compras

BUTCHERS

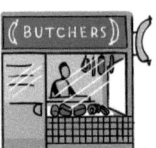

la carnicería

carnicería

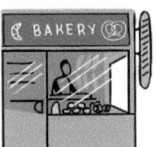

BAKERY

la panadería

panadería

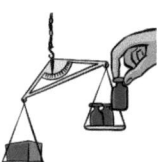

pesar

pesar

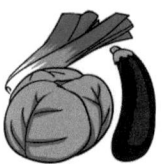

las verduras

vegetales

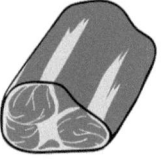

la carne

carne

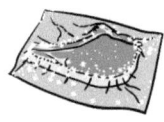

los alimentos congelados

alimentos congelados

los fiambres

carnes frías

los alimentos enlatados

alimentos enlatados

el detergente en polvo

detergente en polvo

las golosinas

dulces

los electrodomésticos

electrodomésticos

los productos de limpieza

productos de limpieza

la vendedora

vendedora

la caja

caja

el cajero

cajero

la lista de compras

lista de compras

el horario de atención

horario de atención al público

la billetera

cartera

la tarjeta de crédito

tarjeta de crédito

la cartera

bolsa

la bolsa de plástico

bolsa de plástico

el agua

agua

el jugo

jugo

la leche

leche

la bebida cola

refresco de cola

el vino

vino

la cerveza

cerveza

el alcohol

alcohol

el cacao

cacao

el té

té

el café

café

el café expreso

espresso

el cappuccino

cappuccino

la banana

plátano

la manzana

manzana

la naranja

naranja

el melón

melón

el limón

limón

la zanahoria

zanahoria

el ajo

ajo

el bambú

bambú

la cebolla

cebolla

el champiñón

champiñón

las nueces

nueces

los fideos

fideos

los tallarines

espaguetis

el arroz

arroz

la ensalada

ensalada

las papas fritas

patatas fritas

las papas fritas

patatas fritas

la pizza

pizza

la hamburguesa

hamburguesa

el sándwich

emparedado

el churrasco

filete

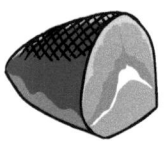

el jamón

jamón

el salame

salami

la salchicha

salchicha

el pollo

pollo

el asado

asado

el pescado

pescado

la comida - comida

los copos de avena

copos de avena

el muesli

muesli

los copos de maíz

copos de maíz

la harina

harina

la medialuna

cuernito

el pancito

bolillo

el pan

pan

la tostada

tostada

las galletitas

galletas

la manteca

mantequilla

la cuajada

cuajada

la torta

pastel

el huevo

huevo

el huevo frito

huevo frito

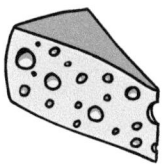

el queso

queso

la comida - comida

el helado

helado

el azúcar

azúcar

la miel

miel

la mermelada

mermelada

la pasta de chocolate

crema de chocolate

el curry

curry

la comida - comida

la granja
granja

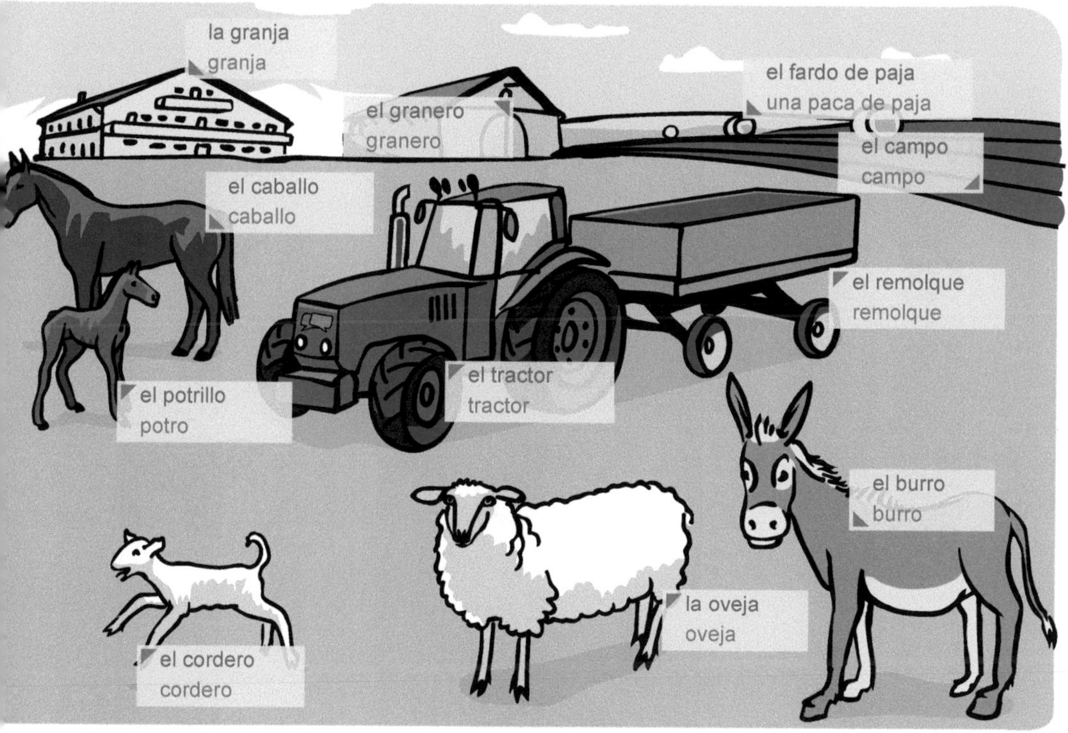

la granja
granja
el granero
granero
el fardo de paja
una paca de paja
el campo
campo
el caballo
caballo
el remolque
remolque
el tractor
tractor
el potrillo
potro
el burro
burro
la oveja
oveja
el cordero
cordero

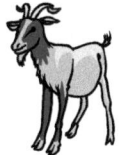

la cabra
cabra

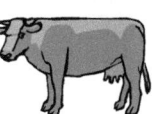

la vaca
vaca

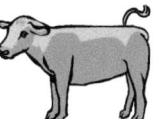

el ternero
ternero

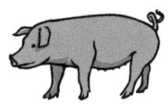

el cerdo
cerdo

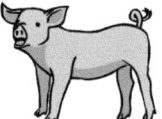

el lechón
lechón

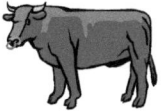

el toro
toro

el ganso

ganso

el pato

pato

el pollo

pollo

la gallina

gallina

el gallo

gallo

la rata

rata

el gato

gato

el ratón

ratón

el buey

buey

el perro

perro

la cucha

casa dperro

la manguera

manguera

la regadera

regadera

la guadaña

guadaña

el arado

arado

la hoz

hoz

la azada

azadón

la horquilla

horquilla

el hacha

hacha

la carretilla

carretilla

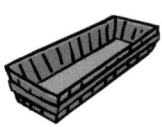

el abrevadero

bebedero

la lechera

bote de leche

la bolsa

saco

la reja

valla

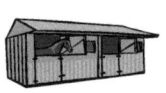

el establo

establo

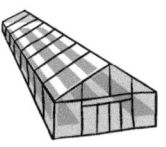

el invernadero

invernadero

el suelo

suelo

la semilla

semilla

el fertilizador

fertilizador

la cosechadora

cosechadora

la granja - granja

cosechar

cosechar

la cosecha

cosecha

las batatas

camote

el trigo

trigo

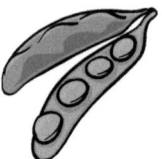

la soja

soja

la papa

patata

el maíz

maíz

la semilla de colza

semilde colza

el árbol frutal

árbol frutal

la mandioca

mandioca

los cereales

cereales

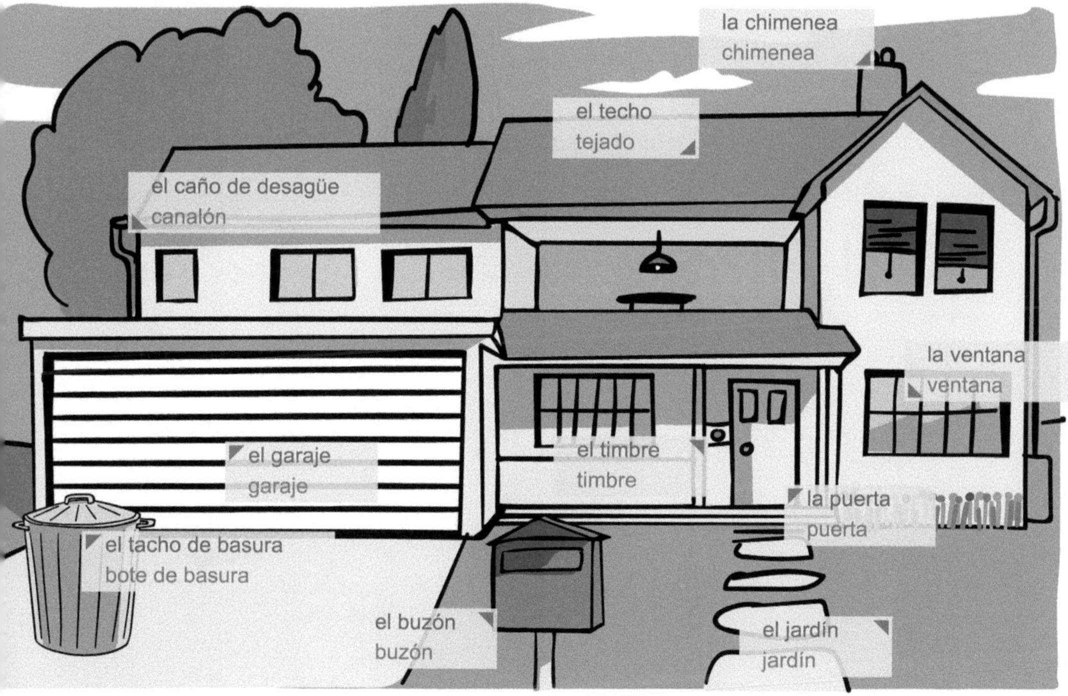

la chimenea
chimenea

el techo
tejado

el caño de desagüe
canalón

la ventana
ventana

el garaje
garaje

el timbre
timbre

la puerta
puerta

el tacho de basura
bote de basura

el buzón
buzón

el jardín
jardín

el living
estancia

el baño
baño

la cocina
cocina

el dormitorio
recámara

el cuarto de los chicos
recámara de los niños

el comedor
comedor

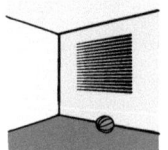

el piso

suelo

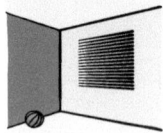

la pared

pared

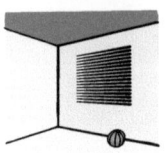

el cielorraso

techo

el sótano

sótano

el sauna

sauna

el balcón

balcón

la terraza

terraza

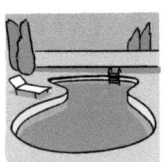

la pileta

alberca

la cortadora de pasto

cortacésped

la sábana

sábana

el acolchado

colcha

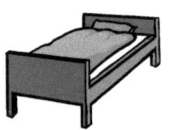

la cama

cama

la escoba

escoba

el balde

balde

el interruptor

interruptor

el living

estancia

el empapelado
pappara empapelar
la imagen
imagen
la lámpara
lámpara
el estante
estante
el armario
alacena
la televisión
televisión
la chimenea
chimenea
la flor
flor
el almohadón
cojín
el sofá
sofá
el florero
florero
el control remoto
control remoto

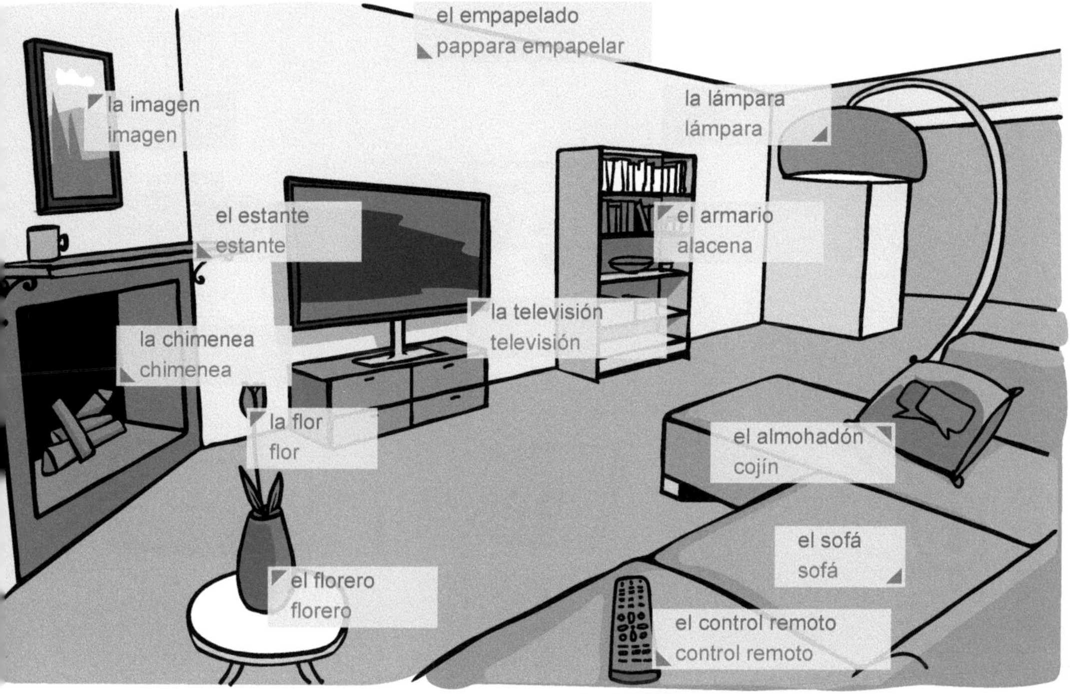

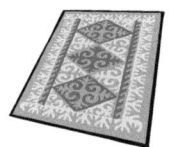

la alfombra

alfombra

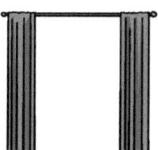

la cortina

cortina

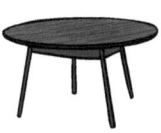

la mesa

mesa

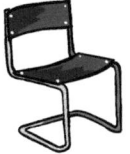

la silla

silla

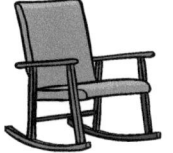

la mecedora

mecedora

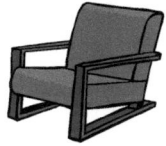

el sillón

sillón

el libro

libro

la frazada

frazada

la decoración

decoración

la leña

leña

la película

película

el equipo de música

equipo de música

la llave

llave

el diario

periódico

la pintura

pintura

el póster

póster

la radio

radio

el cuaderno

cuaderno

la aspiradora

aspiradora

el cactus

cactus

la vela

vela

la cocina
cocina

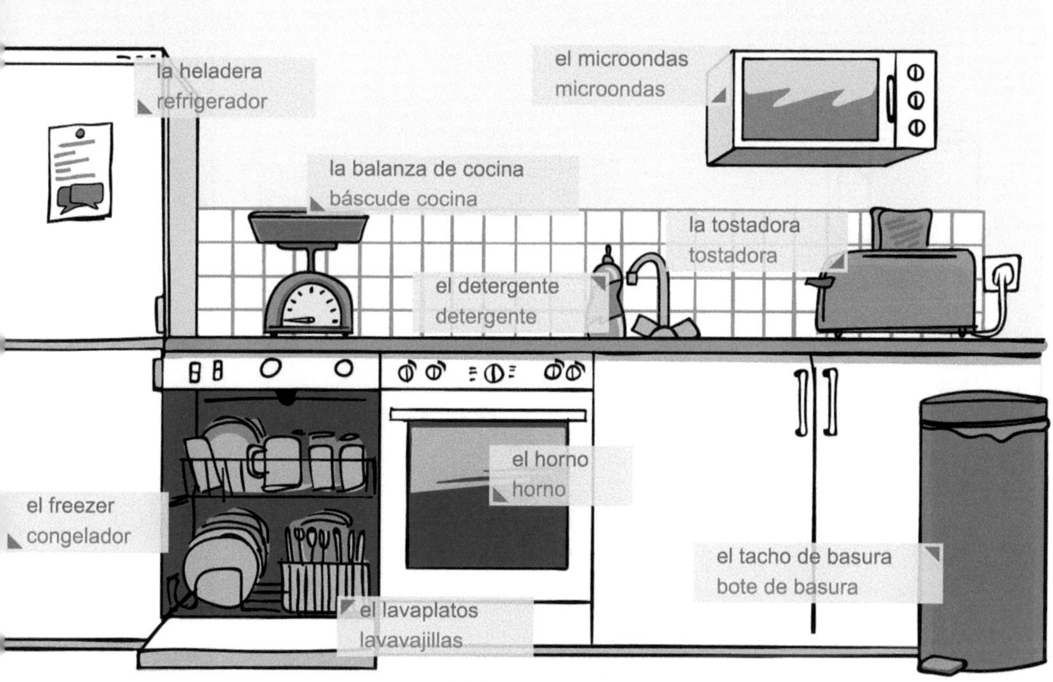

la heladera
refrigerador
el microondas
microondas
la balanza de cocina
báscude cocina
la tostadora
tostadora
el detergente
detergente
el horno
horno
el freezer
congelador
el tacho de basura
bote de basura
el lavaplatos
lavavajillas

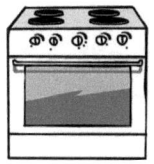

la cocina

opresión

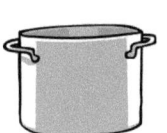

la olla

olla

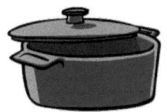

la olla de hierro fundido

olde hierro fundido

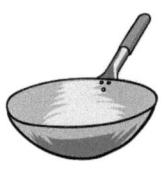

el wok

wok

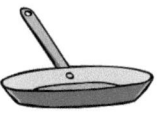

la sartén

sartén

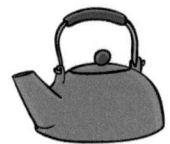

la pava

hervidor

la vaporera

vaporera

la bandeja de horno

charode horno

la vajilla

loza

la taza

taza

el bol

bol

los palitos

palillos

el cucharón

cucharón

la espátula

espátula

la batidora

batidora

el colador

colador

el colador

colador

el rallador

rallador

el mortero

mortero

la parrilla

barbacoa

la fogata

fogata

la tabla de picar

tabpara picar

el palo de amasar

rodillo para amasar

el sacacorchos

sacacorchos

la lata

lata

el abrelatas

abrelatas

la manopla

guante de cocina

la pileta

fregadero

el cepillo

cepillo

la esponja

esponja

la batidora

batidora

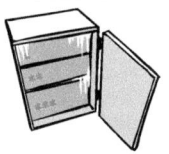

el congelador

congelador

la mamadera

biberón

la canilla

llave

el baño

baño

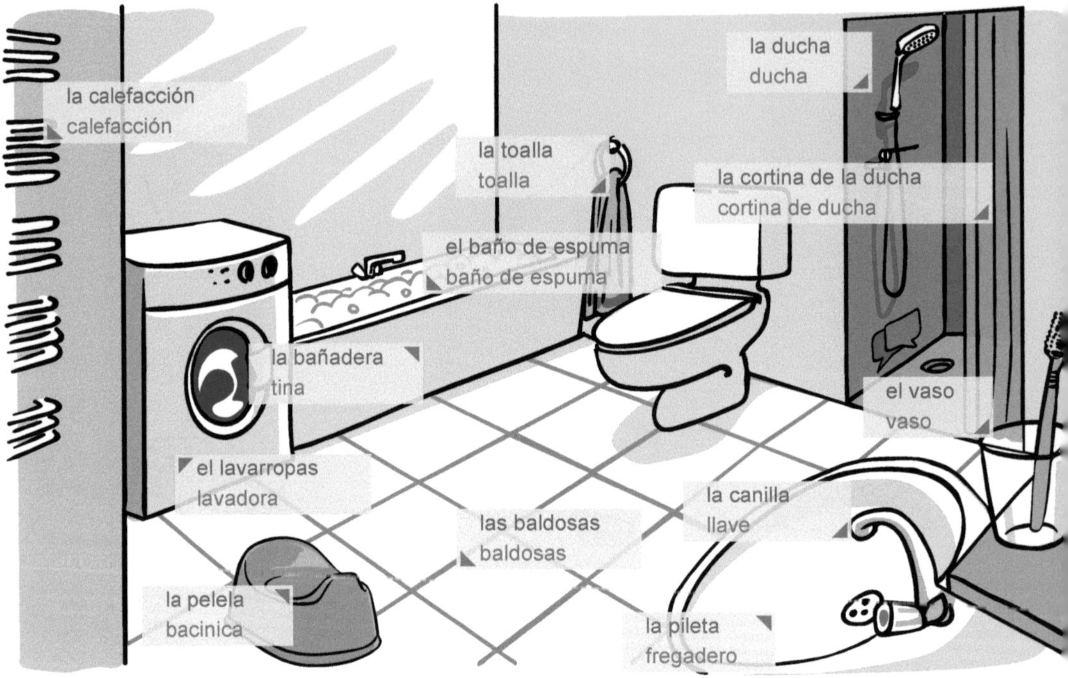

la ducha
ducha
la calefacción
calefacción
la toalla
toalla
la cortina de la ducha
cortina de ducha
el baño de espuma
baño de espuma
la bañadera
tina
el vaso
vaso
el lavarropas
lavadora
la canilla
llave
las baldosas
baldosas
la pelela
bacinica
la pileta
fregadero

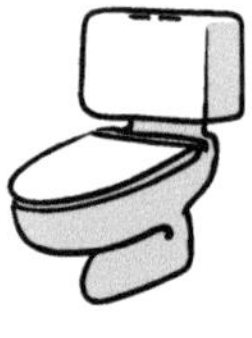

el inodoro

inodoro

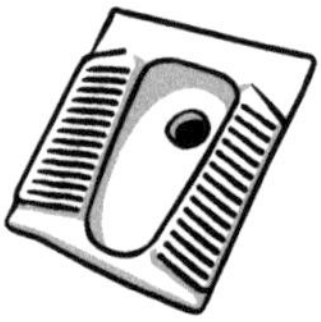

la letrina

letrina

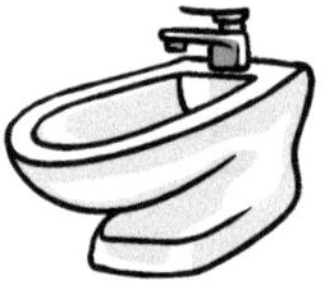

el bidé

bidé

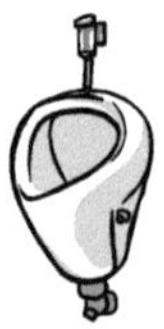

el mingitorio

mingitorio

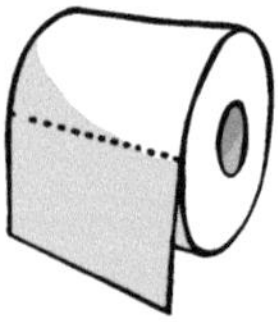

el papel higiénico

paphigiénico

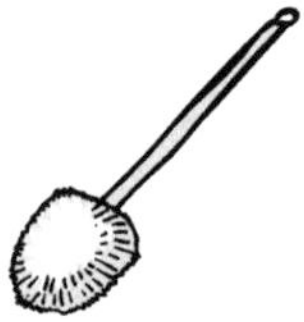

el cepillo para el inodoro

cepillo para baño

el cepillo de dientes

cepillo de dientes

el dentífrico

pasta dental

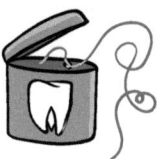

el hilo dental

hilo dental

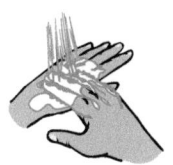

lavar

lavar

la ducha de mano

ducha de mano

la ducha higiénica

ducha vaginal

la palangana

fregadero

el cepillo para la espalda

cepillo de espalda

el jabón

jabón

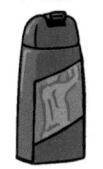

el gel de ducha

gde ducha

el shampoo

champú

la toallita

toallita

el desagüe

drenaje

la crema

crema

el desodorante

desodorante

el espejo

espejo

el espejito

espejo de tocador

la maquinita de afeitar

máquina para afeitar

la espuma de afeitar

espuma de afeitar

el aftershave

loción para después de afeitar

el peine

peine

el cepillo

cepillo

el secador de pelo

secadora

el spray

laca

el maquillaje

maquillaje

el lápiz de labios

lápiz labial

el esmalte para uñas

esmalte para uñas

el algodón

algodón

la tijera para uñas

tijeras para uñas

el perfume

perfume

el portacosméticos

estuche para cosméticos

la banqueta

taburete

la balanza

báscula

la bata

bata

los guantes de goma

guantes de goma

el tampón

tampón

la toallita femenina

toalsanitaria

el baño químico

baño móvil

el cuarto de los chicos

recámara de los niños

el despertador
despertador
el peluche
peluche
el coche de juguete
carro de juguete
el sonajero
sonaja
la casa de muñecas
casa de muñecas
el regalo
regalo

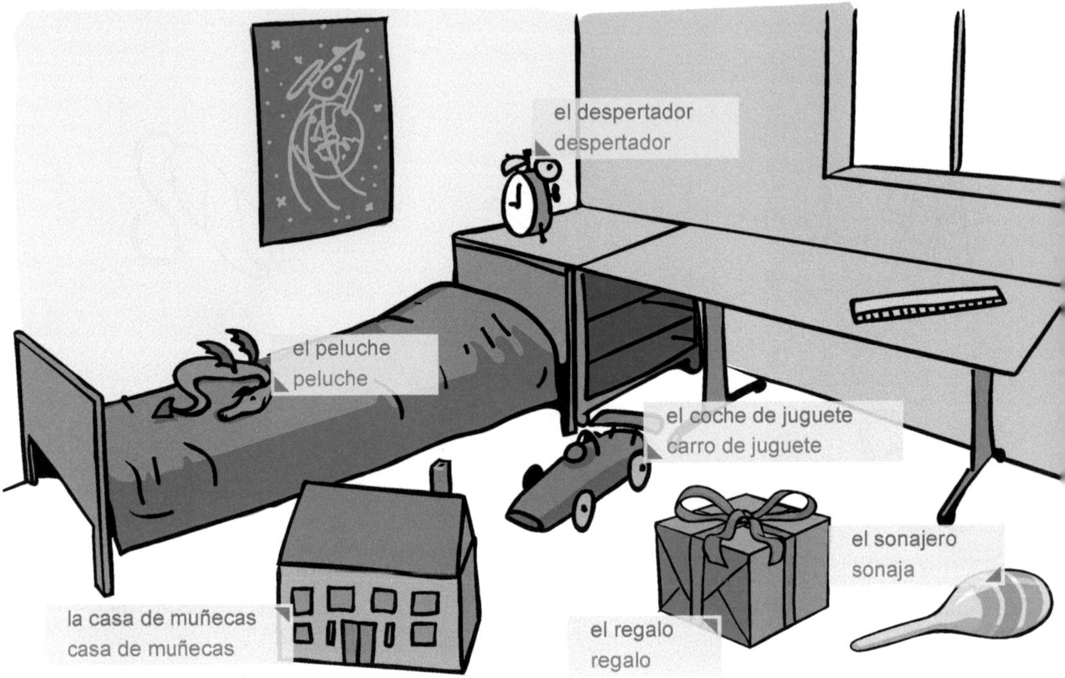

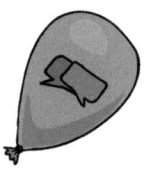

el globo

globo

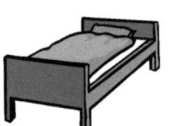

la cama

cama

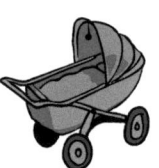

el cochecito

carriola

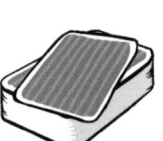

las cartas

cartas

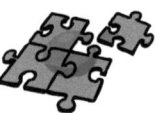

el rompecabezas

rompecabezas

SUPER
MEGA

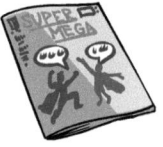

la historieta

cómic

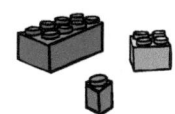

las piezas de lego

piezas de lego

los ladrillos de juguete

bloques para jugar

la figura de acción

figura de acción

el enterito (de bebé)

mameluco

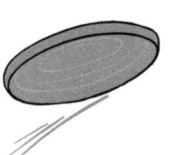

el frisbee

frisbee

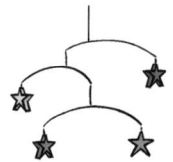

el móvil para bebés

móvil para bebés

el juego de mesa

juego de mesa

los dados

dados

el tren eléctrico

tren eléctrico

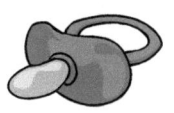

el chupete

maniquí

la fiesta

fiesta

el libro de cuentos ilustrado

álbum de fotos

la pelota

balón

la muñeca

muñeca

jugar

jugar

el arenero

arenero

la hamaca

columpio

los juguetes

juguetes

la consola de videojuegos

consode videojuegos

el triciclo

triciclo

el osito de peluche

oso de peluche

el armario

clóset

la ropa

ropa

las medias

calcetines

las medias panty

pantimedias

las calzas

mallas

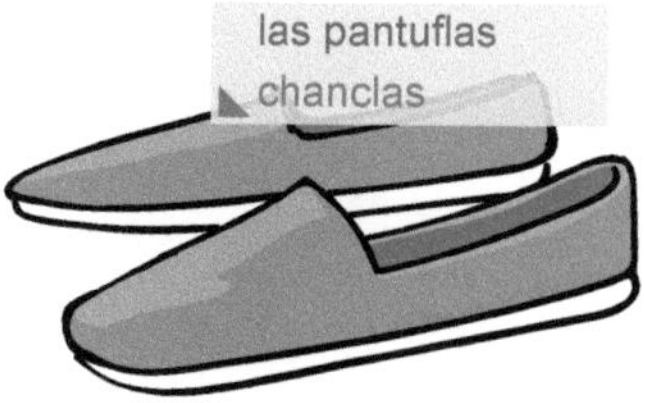

la bufanda
bufanda

el paraguas
paraguas

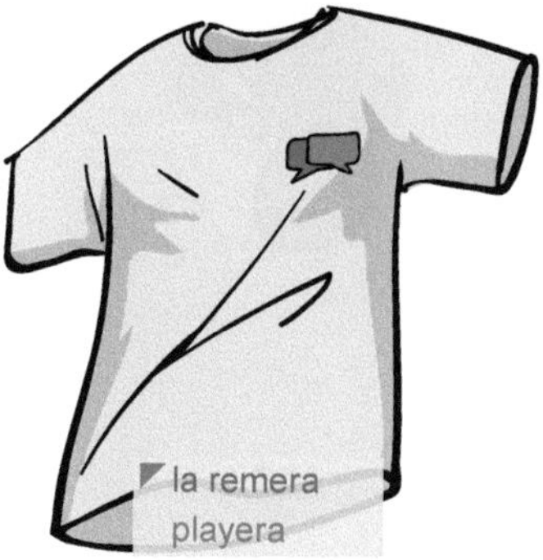

la remera
playera

el cinturón
cinto

las botas
botas

las pantuflas
chanclas

las zapatillas
tenis

las sandalias
....
sandalias

los zapatos
....
zapatos

las botas de goma
....
botas de goma

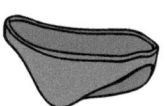

la ropa interior
....
ropa interior

el corpiño
....
brasier

el chaleco
....
chaleco

el body
body

los pantalones
pantalones

los jeans
pantalones de mezclilla

la pollera
falda

la blusa
blusa

la camisa
camisa

el pulóver
suéter

el buzo
sudadera

el blazer
saco sport

la campera
chamarra

el tapado
abrigo

el piloto
impermeable

el traje
traje

el vestido
vestido

el vestido de novia
vestido de novia

el traje

traje

el camisón

camisón

el pijama

pijama

el sari

sari

el pañuelo para la cabeza

pañuelo para cabeza

el turbante

turbante

la burka

burka

el caftán

caftán

la abaya

abaya

el traje de baño

traje de baño

el short de baño

short de baño

los shorts

shorts

el jogging

pants

el delantal

delantal

los guantes

guantes

el botón

botón

los anteojos

gafas

la pulsera

brazalete

el collar

collar

el anillo

anillo

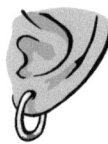

el aro

arete

la gorra

gorra

la percha

gancho

el sombrero

sombrero

la corbata

corbata

el cierre

cierre

el casco

casco

los tiradores

tirantes

el uniforme escolar

uniforme

el uniforme

uniforme

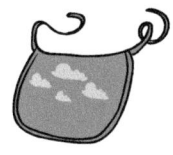

el babero
babero

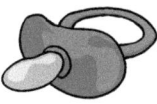

el chupete
maniquí

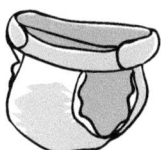

el pañal
pañal

la oficina
oficina

el servidor
servidor
el archivero
archivo
la impresora
impresora
el papel
pap
el monitor
monitor
el mouse
mouse
el escritorio
escritorio
la carpeta
carpeta
el teclado
teclado
el tacho (de basura)
bote de basura
la computadora
computadora
la silla
silla

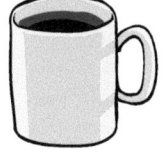

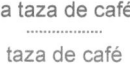

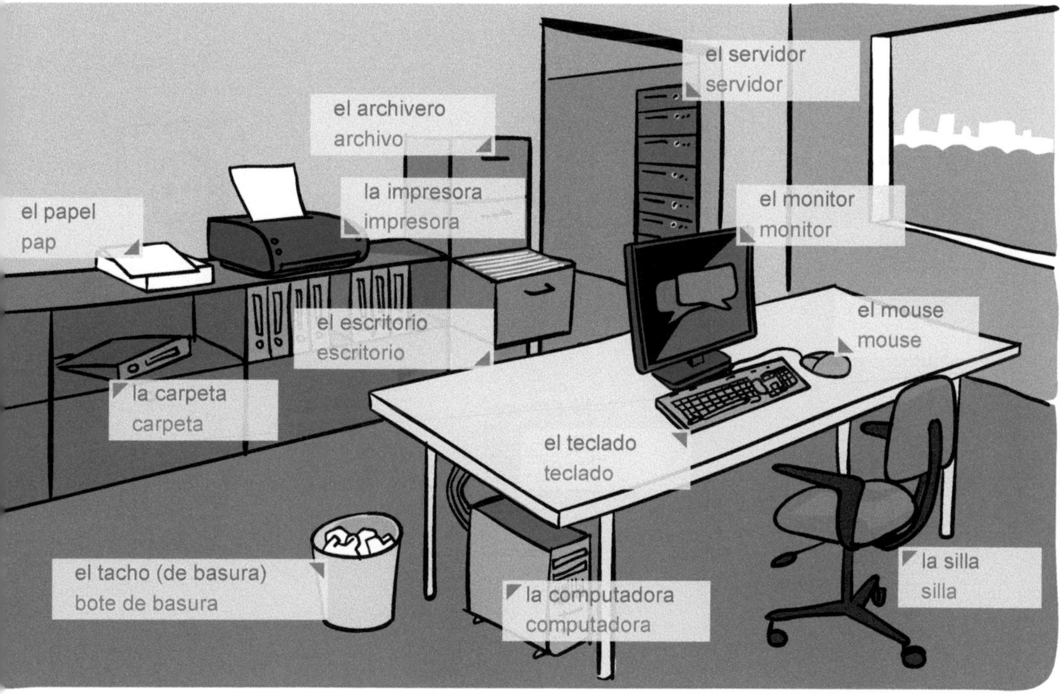

la taza de café
taza de café

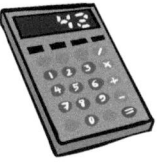

la calculadora
calculadora

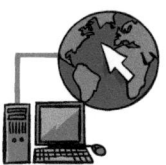

el internet
internet

la laptop

notebook

la carta

carta

el mensaje

mensaje

el celular

móvil

la red

red

la fotocopiadora

fotocopiadora

el software

software

el teléfono

teléfono

el tomacorriente

tomacorriente

el fax

fax

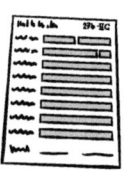

el formulario

formulario

el documento

documento

comprar

comprar

pagar

pagar

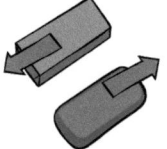

hacer negocios

hacer negocios

el dinero

dinero

el dólar

dólar

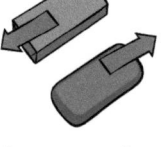 

el euro

euro

el yen

yen

el rublo

rublo

el franco suizo

franco suizo

el yuan

yuan

la rupia

rupia

el cajero automático

cajero automático

la casa de cambio

casa de cambio

el oro

oro

la plata

plata

el petróleo

petróleo

la energía

energía

el precio

precio

el contrato

contrato

el impuesto

impuesto

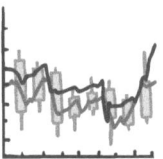

la acción

acción

trabajar

trabajar

el empleado

empleado

el empleador

empleador

la fábrica

fábrica

el negocio

tienda

las ocupaciones
ocupaciones

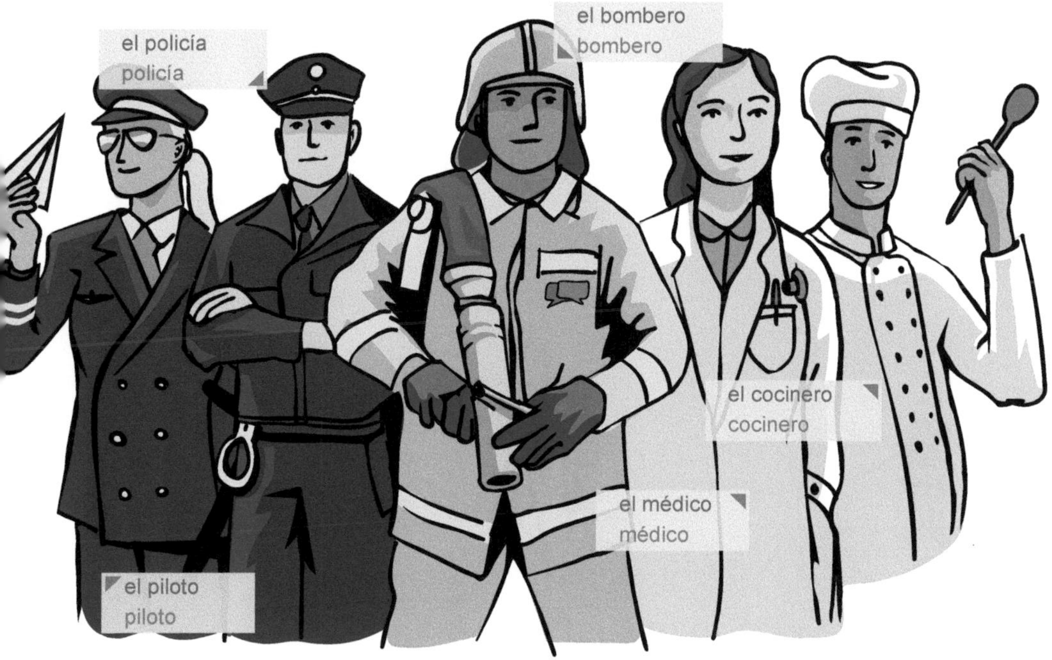
el policía
policía
el bombero
bombero
el cocinero
cocinero
el médico
médico
el piloto
piloto

el jardinero
jardinero

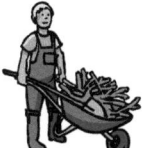

el carpintero
carpintero

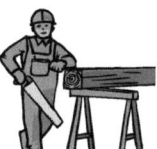

la modista
costurera

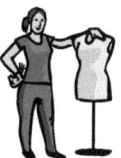

el juez
juez

el farmacéutico
farmacéutico

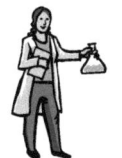

el actor
actor

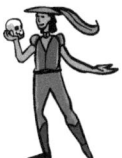

el colectivero

conductor de autobús

el taxista

taxista

el pescador

pescador

la mucama

señora de limpieza

el techista

instalador de techos

el mozo

camarero

el cazador

cazador

el pintor

pintor

el panadero

panadero

el electricista

electricista

el albañil

obrero

el ingeniero

ingeniero

el carnicero

carnicero

el plomero

plomero

el cartero

cartero

el soldado

soldado

el arquitecto

arquitecto

el cajero

cajero

el florista

florista

el peluquero

peluquero

el cobrador

cobrador

el mecánico

mecánico

el capitán

capitán

el dentista

dentista

el científico

científico

el rabino

rabino

el imán

imán

el monje

monje

el sacerdote

sacerdote

las herramientas

herramientas

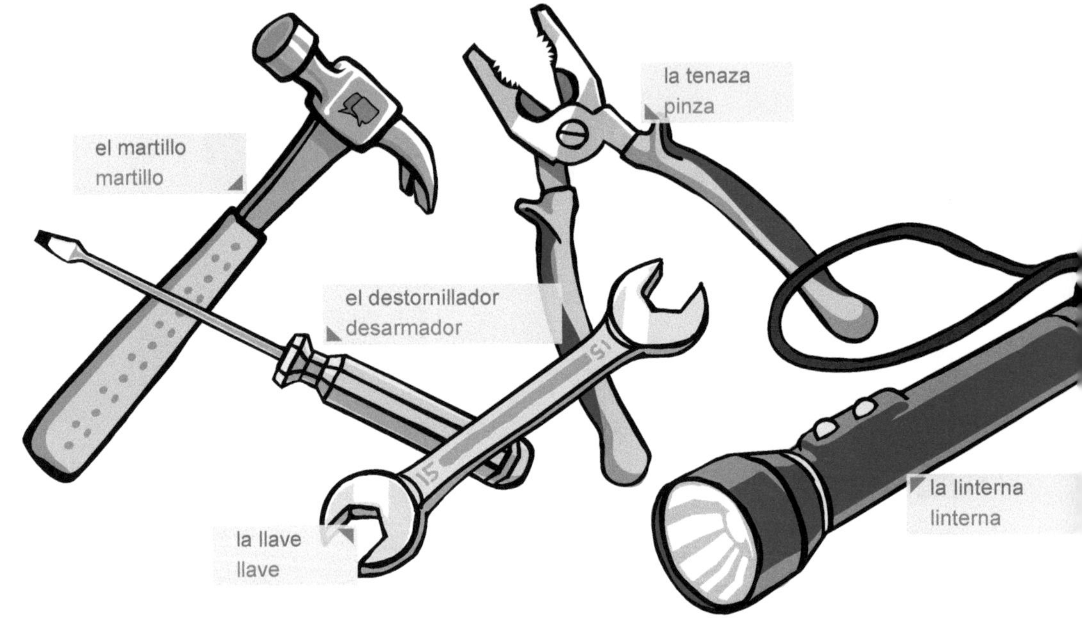

la tenaza
pinza
el martillo
martillo
el destornillador
desarmador
la linterna
linterna
la llave
llave

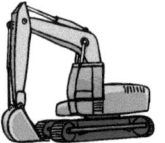

la excavadora

excavadora

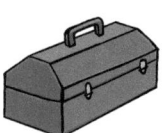

la caja de herramientas

caja de herramientas

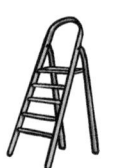

la escalera portátil

escalera de mano

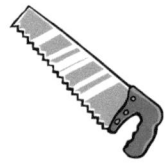

la sierra

sierra

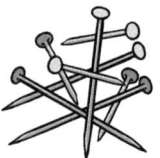

los clavos

clavos

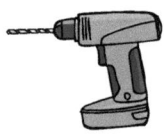

el taladro

taladro

arreglar
reparar

la pala de jardín
pala

¡Qué bronca!
¡Maldición!

la pala de plástico
recogedor

el tacho de pintura
bote de pintura

los tornillos
tornillos

los instrumentos musicales
instrumentos musicales

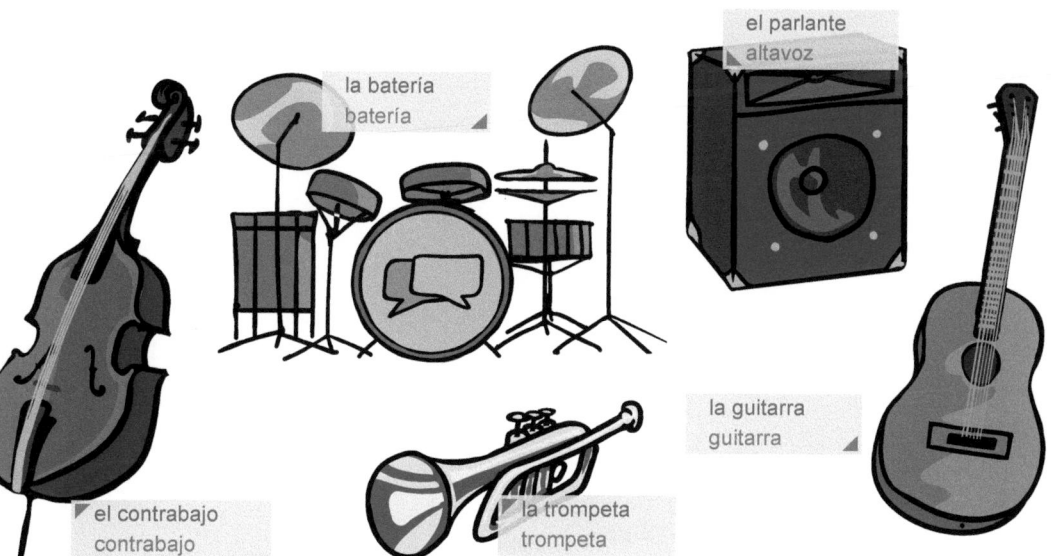

la batería
batería

el parlante
altavoz

la guitarra
guitarra

el contrabajo
contrabajo

la trompeta
trompeta

el piano

piano

el violín

violín

el bajo

bajo

los timbales

timbales

el tambor

tambor

el teclado

teclado

el saxofón

saxofón

la flauta

flauta

el micrófono

micrófono

el zoológico
zoológico

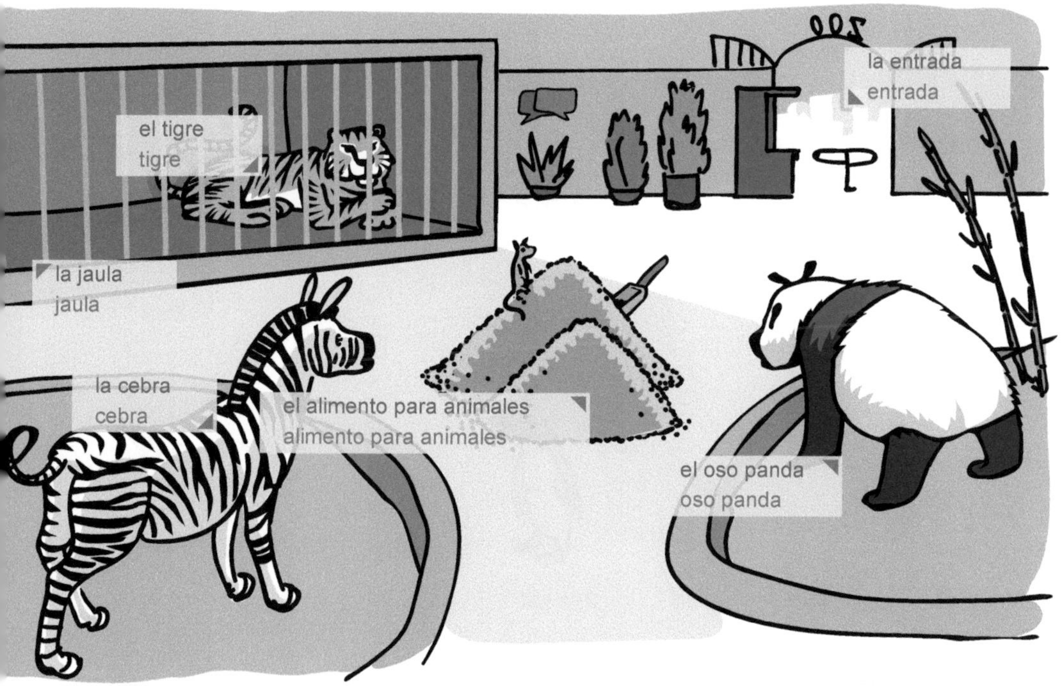

la entrada
entrada
el tigre
tigre
la jaula
jaula
la cebra
cebra
el alimento para animales
alimento para animales
el oso panda
oso panda

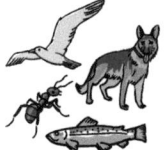

los animales

animales

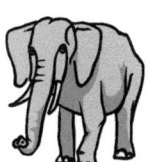

el elefante

elefante

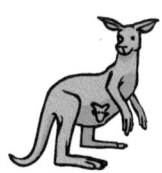

el canguro

canguro

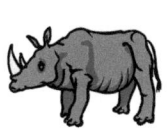

el rinoceronte

rinoceronte

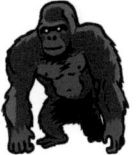

el gorila

gorila

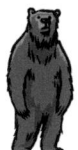

el oso

oso

el camello

camello

el avestruz

avestruz

el león

león

el mono

mono

el flamenco

flamenco

el loro

loro

el oso polar

oso polar

el pingüino

pingüino

el tiburón

tiburón

el pavo real

pavo real

la serpiente

serpiente

el cocodrilo

cocodrilo

el cuidador del zoológico

guardián de zoológico

la foca

foca

el jaguar

jaguar

el poni

poni

el leopardo

leopardo

el hipopótamo

hipopótamo

la jirafa

jirafa

el águila

águila

el jabalí

jabalí

el pescado

pescado

la tortuga

tortuga

la morsa

morsa

el zorro

zorro

la gacela

gacela

el zoológico - zoológico

deportes

el fútbol americano
fútbol americano

el ciclismo
ciclismo

el tenis
tenis

el básquet
baloncesto

la natación
natación

el boxeo
boxeo

el hockey sobre hielo
hockey sobre hielo

el fútbol

fútbol

el bádminton

bádminton

el atletismo

atletismo

el handball

handball

el esquí

esquí

el polo

polo

saltar
saltar

reír
reír

abrazar
abrazar

caminar
caminar

cantar
cantar

soñar
soñar

rezar
rezar

besar
besar

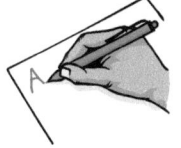

escribir
escribir

dibujar
dibujar

mostrar
mostrar

presionar
empujar

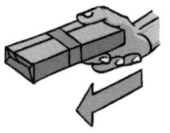

dar
dar

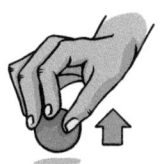

tomar
tomar

tener
....
tener

hacer
....
hacer

ser
....
ser

estar parado
....
estar parado

correr
....
correr

tirar
....
jalar

tirar
....
arrojar

caer
....
caer

estar acostado
....
estar acostado

esperar
....
esperar

llevar
....
llevar

estar sentado
....
estar sentado

vestirse
....
vestirse

dormir
....
dormir

despertar
....
despertar

las actividades - actividades

mirar
mirar

llorar
llorar

acariciar
acariciar

peinar
peinar

hablar
hablar

entender
entender

preguntar
preguntar

escuchar
escuchar

beber
beber

comer
comer

ordenar
ordenar

amar
amar

cocinar
cocinar

manejar
conducir

volar
volar

navegar

navegar

calcular

calcular

leer

leer

aprender

aprender

trabajar

trabajar

casarse

casarse

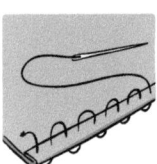

coser

coser

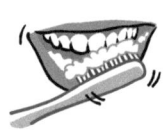

cepillarse los dientes

cepillarse los dientes

matar

matar

fumar

fumar

enviar

enviar

la familia
familia

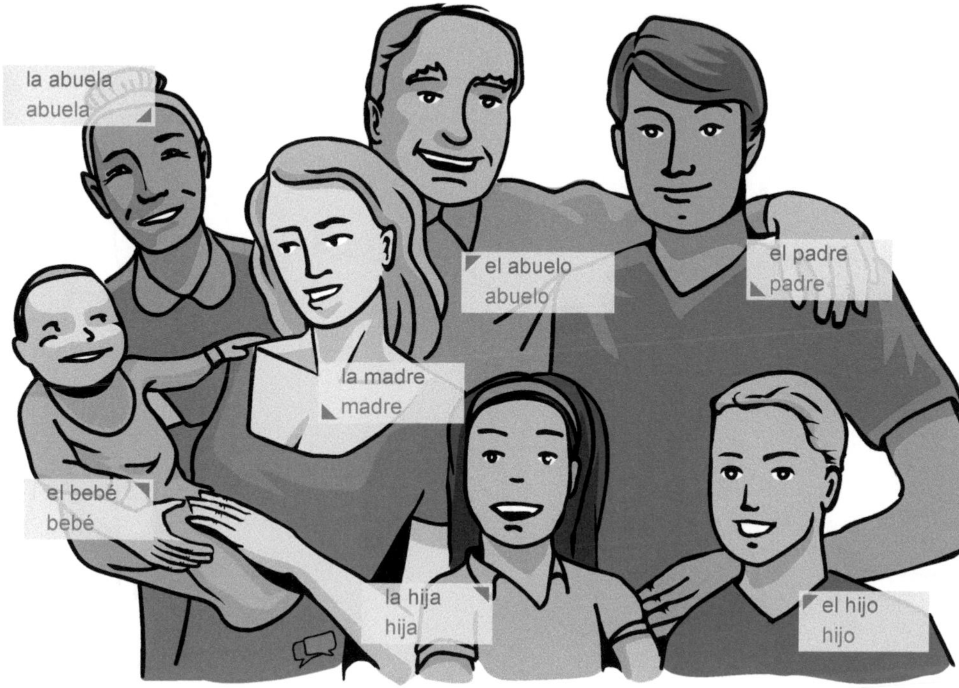

la abuela
abuela
el abuelo
abuelo
el padre
padre
la madre
madre
el bebé
bebé
la hija
hija
el hijo
hijo

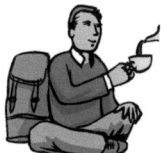

el invitado

invitado

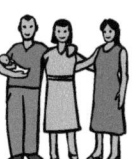

la tía

tía

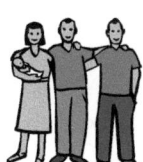

el tío

tío

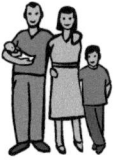

el hermano

hermano

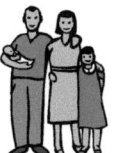

la hermana

hermana

el cuerpo
cuerpo

la frente
frente
el ojo
ojo
el hombro
hombro
el dedo
dedo
la cara
cara
la pera
barbilla
la mano
mano
la pierna
pierna
el pecho
pecho
el brazo
brazo

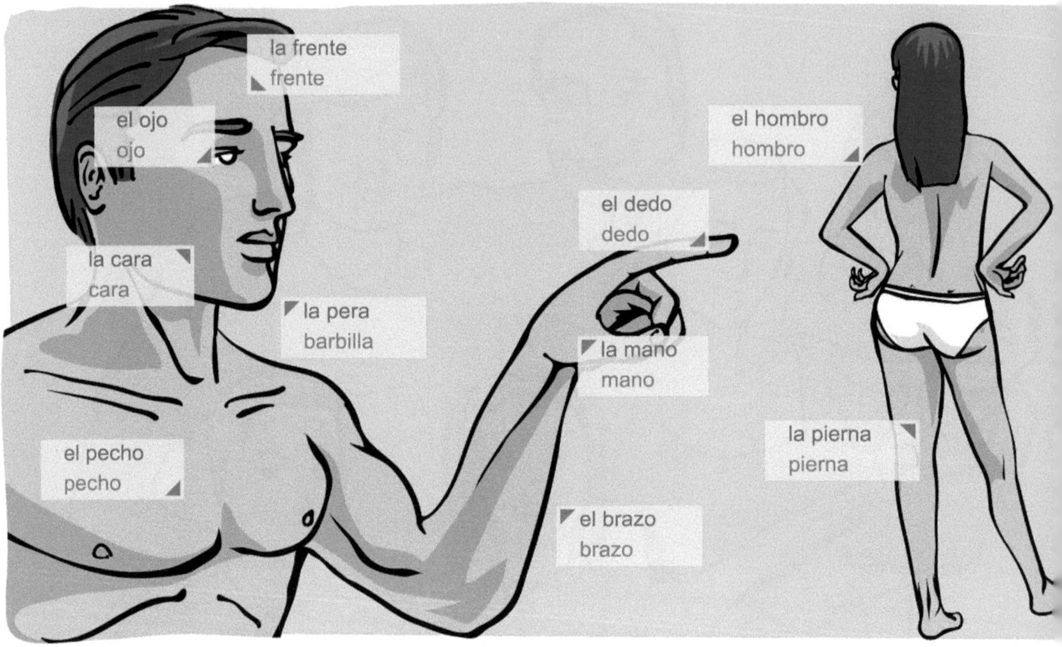

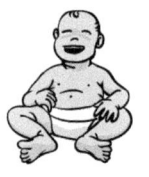

el bebé

bebé

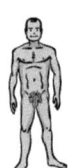

el hombre

hombre

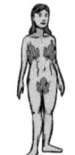

la mujer

mujer

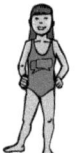

la nena

niña

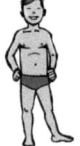

el nene

niño

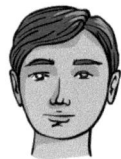

la cabeza

cabeza

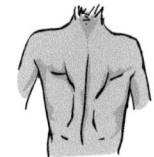

la espalda

espalda

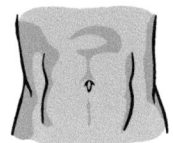

la panza

barriga

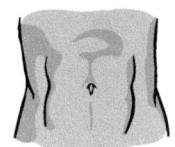

el ombligo

ombligo

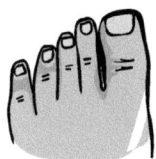

el dedo del pie

dedo dpie

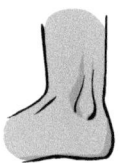

el talón

talón

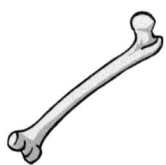

el hueso

hueso

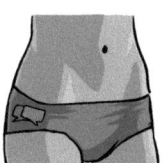

la cadera

cadera

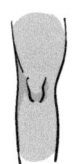

la rodilla

rodilla

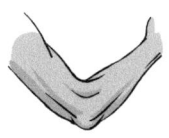

el codo

codo

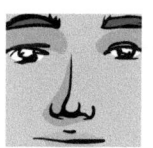

la nariz

nariz

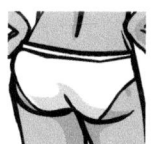

la cola

pompis

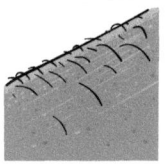

la piel

piel

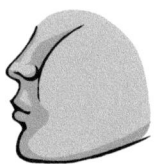

el cachete

mejilla

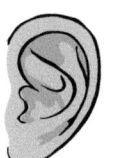

la oreja

oído

el labio

labio

la boca

boca

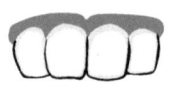

el diente

diente

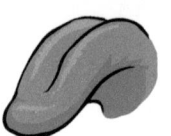

la lengua

lengua

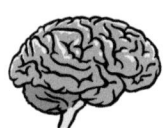

el cerebro

cerebro

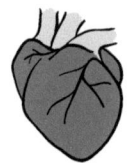

el corazón

corazón

el músculo

músculo

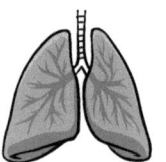

el pulmón

pulmón

el hígado

hígado

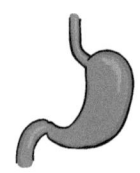

el estómago

estómago

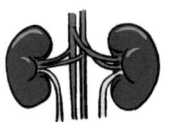

los riñones

riñones

el sexo

sexo

el preservativo

condón

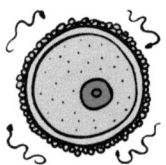

el óvulo

óvulo

el semen

semen

el embarazo

embarazo

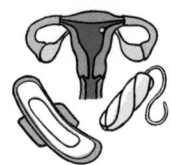

la menstruación

menstruación

la vagina

vagina

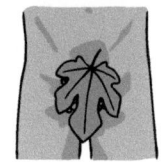

el pene

pene

la ceja

ceja

el pelo

cabello

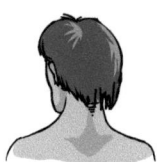

el cuello

cuello

el hospital
hospital

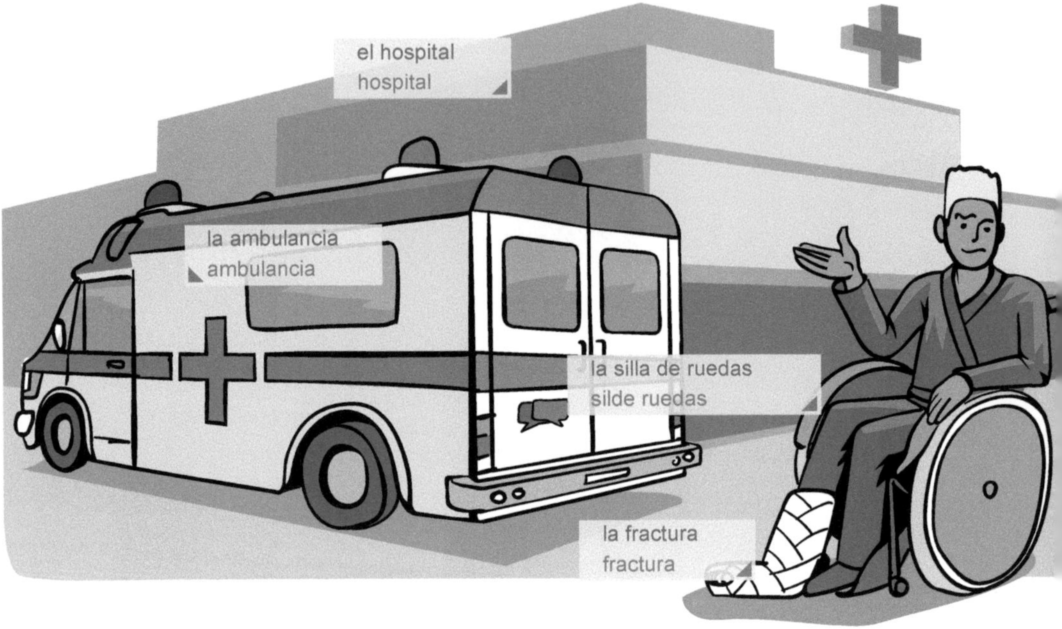

el hospital
hospital
la ambulancia
ambulancia
la silla de ruedas
silde ruedas
la fractura
fractura

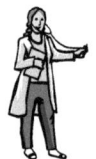

el médico

médico

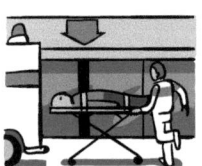

la sala de guardia

sade emergencias

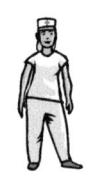

la enfermera

enfermera

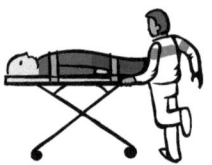

la emergencia

emergencia

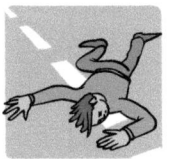

inconsciente

inconsciente

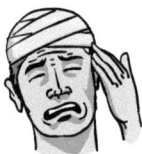

el dolor

dolor

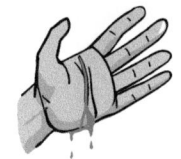

la lesión

lesión

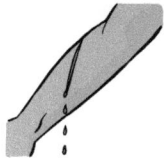

la hemorragia

hemorragia

el infarto

infarto

el ACV

accidente cerebrovascular

la alergia

alergia

la tos

tos

la fiebre

fiebre

la gripe

gripa

la diarrea

diarrea

el dolor de cabeza

dolor de cabeza

el cáncer

cáncer

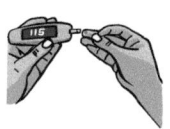

la diabetes

diabetes

el cirujano

cirujano

el bisturí

bisturí

la operación

operación

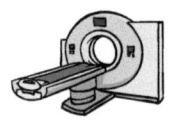

la TC

TC

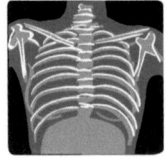

los rayos x

rayos x

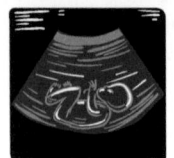

la ecografía

ultrasonido

el barbijo

mascarilla

la enfermedad

enfermedad

la sala de espera

sade espera

la muleta

muleta

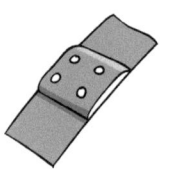

la curita

vendita

la venda

vendajo

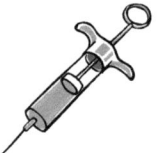

la inyección

inyección

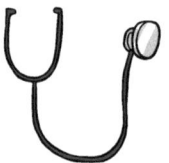

el estetoscopio

estetoscopio

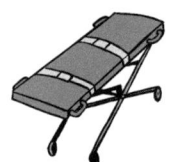

la camilla

camilla

el termómetro

termómetro

el nacimiento

nacimiento

el sobrepeso

sobrepeso

el audífono

audífono

el desinfectante

desinfectante

la infección

infección

el virus

virus

el VIH / SIDA

VIH / SIDA

el remedio

medicina

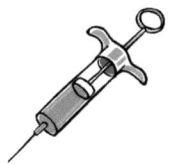

la vacunación

vacunación

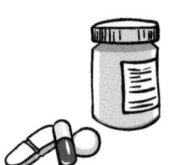

los comprimidos

tabletas

la pastilla anticonceptiva

pastilanticonceptiva

llamada de emergencia

lamada de emergencia

el tensiómetro

medidor de presión

enfermo / sano

enfermo / sano

¡Ayuda!
¡Socorro!

la alarma
alarma

la agresión
agresión

el ataque
ataque

el peligro
peligro

la salida de emergencia
salida de emergencia

¡Fuego!
¡Fuego!

el matafuego
extintor de incendios

el accidente
accidente

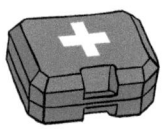

el botiquín de primeros
auxilios
botiquín de primeros
auxilios

el SOS
SOS

la policía
policía

Europa

Europa

América del Norte

Norteamérica

América del Sur

Sudamérica

África

África

Asia

Asia

Australia

Australia

el Atlántico

Atlántico

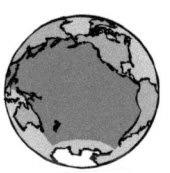

el Pacífico

Pacífico

el Océano Índico

Océano Índico

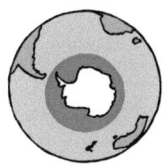

el Océano Antártico

Océano Antártico

el Océano Ártico

Océano Ártico

el polo norte

polo norte

el polo sur
polo sur

la Antártida
Antártida

la Tierra
tierra

la tierra
tierra

el mar
mar

la isla
isla

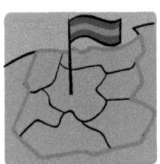

la nación
nación

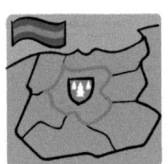

el estado
estado

la esfera

esfera

la manecilla de las horas

manecilde las horas

el minutero

minutero

el segundero

segundero

¿Qué hora es?

¿Qué hora es?

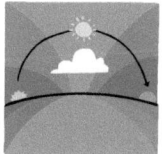

el día

día

la hora

hora

ahora

ahora

el reloj digital

reloj digital

el minuto

minuto

la hora

hora

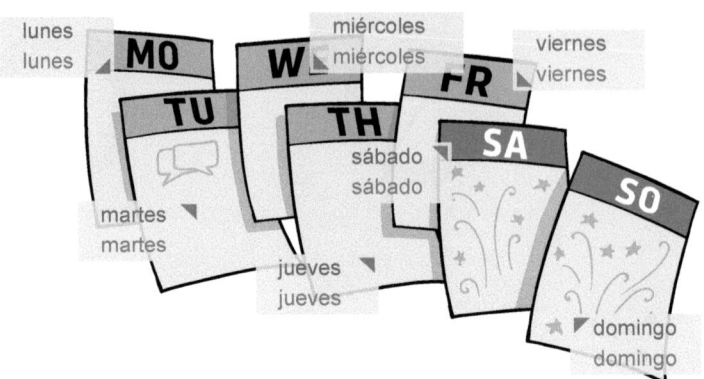

lunes
lunes

miércoles
miércoles

viernes
viernes

martes
martes

sábado
sábado

jueves
jueves

domingo
domingo

ayer

ayer

hoy

hoy

mañana

mañana

la mañana

mañana

el mediodía

mediodía

la tarde

tarde

los días hábiles

días laborables

el fin de semana

fin de semana

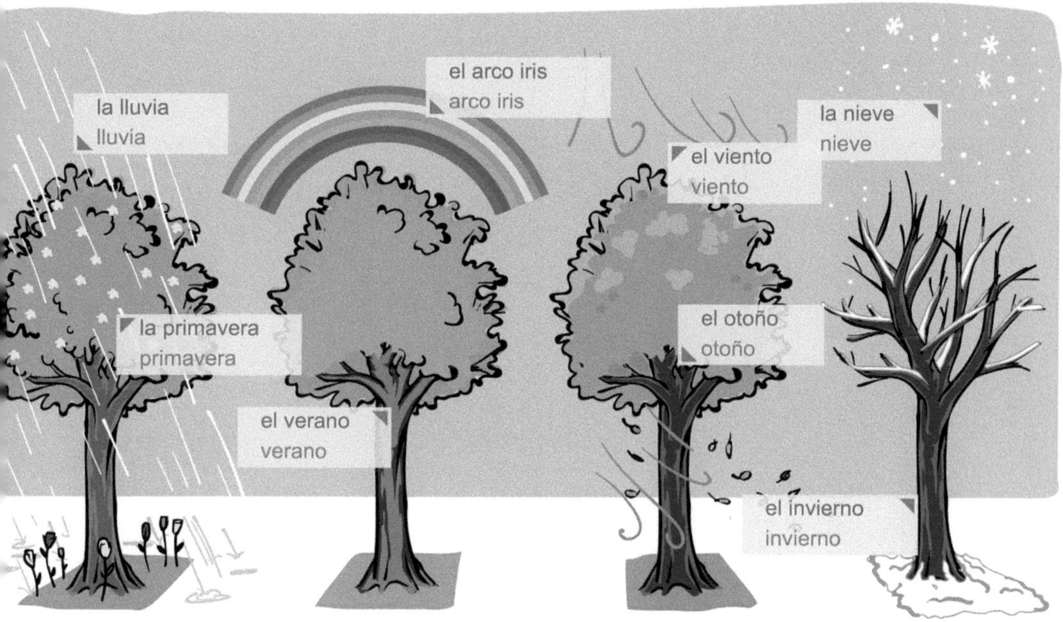

la lluvia
lluvia

el arco iris
arco iris

la nieve
nieve

el viento
viento

la primavera
primavera

el otoño
otoño

el verano
verano

el invierno
invierno

4.APRIL	11°	☀
5.APRIL	4°	☁
6.APRIL	13°	☁
7.APRIL	8°	☀
8.APRIL	10°	☀

pronóstico meteorológico

pronóstico dtiempo

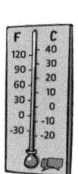

el termómetro

termómetro

la luz del sol

sol

la nube

nube

la niebla

niebla

la humedad

humedad

el rayo

rayo

el trueno

trueno

la tormenta

tormenta

el granizo

granizo

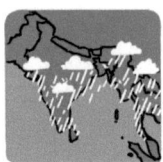

el monzón

monzón

la inundación

inundación

el hielo

hielo

enero

enero

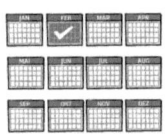

febrero

febrero

marzo

marzo

abril

abril

mayo

mayo

junio

junio

julio

julio

agosto

agosto

el año - año

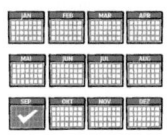

septiembre
....
septiembre

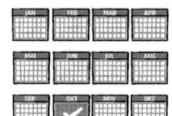

octubre
....
octubre

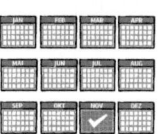

noviembre
....
noviembre

diciembre
....
diciembre

las formas

formas

el círculo
....
círculo

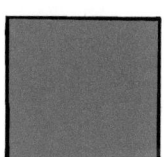

el cuadrado
....
cuadrado

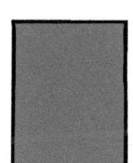

el rectángulo
....
rectángulo

el triángulo
....
triángulo

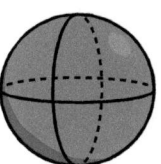

la esfera
....
esfera

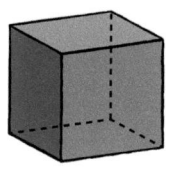

el cubo
....
cubo

blanco

blanco

amarillo

amarillo

naranja

naranja

rosa

rosa

rojo

rojo

violeta

morado

azul

azul

verde

verde

marrón

marrón

gris

gris

negro

negro

mucho / poco

mucho / poco

enojado / tranquilo

enojado / tranquilo

lindo / feo

bonito / feo

el principio / el fin

principio / fin

grande / chico

grande / pequeño

claro / oscuro

claro / oscuro

el hermano / la hermana

hermano / hermana

limpio / sucio

limpio / sucio

completo / incompleto

completo / incompleto

el día / la noche

día / noche

muerto / vivo

muerto / vivo

ancho / angosto

ancho / angosto

comestible / no comestible

comestible / no comestible

malo / amable

malo / amable

entusiasmado / aburrido

entusiasmado / aburrido

gordo / flaco

gordo / delgado

primero / último

primero / último

el amigo / el enemigo

amigo / enemigo

lleno / vacío

lleno / vacío

duro / blando

duro / blando

pesado / liviano

pesado / ligero

el hambre / la sed

hambre / sed

enfermo / sano

enfermo / sano

ilegal / legal

ilegal / legal

inteligente / estúpido

inteligente / tonto

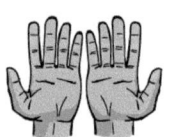

izquierda / derecha

izquierda / derecha

cerca / lejos

cerca / lejos

nuevo / usado

nuevo / usado

nada / algo

nada / algo

viejo / joven

viejo / joven

encendido / apagado

encendido / apagado

abierto / cerrado

abierto / cerrado

silencioso / ruidoso

silencioso / ruidoso

rico / pobre

rico / pobre

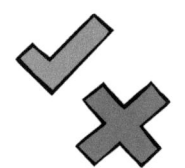

correcto / incorrecto

correcto / incorrecto

áspero / suave

áspero / suave

triste / contento

triste / contento

corto / largo

corto / largo

lento / rápido

lento / rápido

mojado / seco

húmedo / seco

caliente / frío

caliente / frío

guerra / paz

guerra / paz

los opuestos - opuestos

0

cero

cero

1

uno

uno

2

dos

dos

3

tres

tres

4

cuatro

cuatro

5

cinco

cinco

6

seis

seis

7

siete

siete

8

ocho

ocho

9

nueve

nueve

10

diez

diez

11

once

once

12

doce

doce

13

trece

trece

14

catorce

catorce

15

quince

quince

16

dieciséis

dieciséis

17

diecisiete

diecisiete

18

dieciocho

dieciocho

19

diecinueve

diecinueve

20

veinte

veinte

100

cien

cien

1.000

mil

mil

1.000.000

el millón

millón

el inglés

inglés

el inglés americano

inglés americano

el chino mandarín

chino mandarín

el hindi

hindi

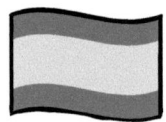

el español

español

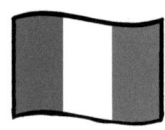

el francés

francés

el árabe

árabe

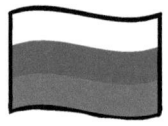

el ruso

ruso

el portugués

portugués

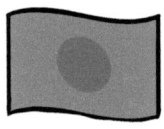

el bengalí

bengalí

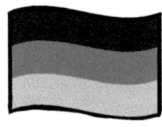

el alemán

alemán

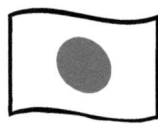

el japonés

japonés

yo

yo

vos

tú

él / ella

él / ella

nosotros

nosotros

ustedes

vosotros

ellos

ellos

¿quién?

¿quién?

¿qué?

¿qué?

¿cómo?

¿cómo?

¿dónde?

¿dónde?

¿cuándo?

¿cuándo?

el nombre

nombre

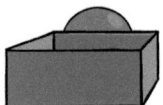

detrás

detrás

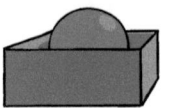

en

en

adelante de

delante de

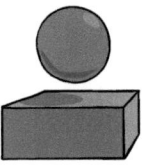

por encima de

por encima de

sobre

sobre

debajo de

debajo de

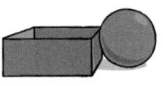

al lado de

junto a

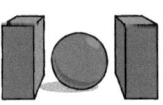

entre

entre

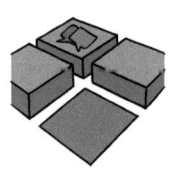

el lugar

lugar